ALPHABET

DES ARTS ET MÉTIERS

ORNÉ DE JOLIES GRAVURES

A L'USAGE DES JEUNES ENFANTS

Par Maitre SIMON

INSTITUTEUR.

PARIS.

IMPRIMERIE ET LIBRAIRIE CLASSIQUES

DE JULES DELALAIN

IMPRIMEUR DE L'UNIVERSITÉ

Rue des Écoles, vis-à-vis de la Sorbonne.

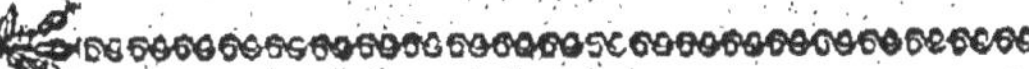

ALPHABET

DES ARTS ET MÉTIERS

ORNÉ DE JOLIES GRAVURES

A L'USAGE DES JEUNES ENFANTS

Par Maître SIMON

INSTITUTEUR.

PARIS.

IMPRIMERIE ET LIBRAIRIE CLASSIQUES

DE JULES DELALAIN

IMPRIMEUR DE L'UNIVERSITÉ

Rue des Écoles, vis à vis la Sorbonne.

A	B
C	D
E	F

G	H
IJ	K
L	M

N	O
P	Q
R	S

T	U
V	X
Y	Z

Lettres romaines.

A a	B b	C c
D d	E e	F f
G g	H h	I i
J j	K k	L l
M m	N n	O o
P p	Q q	R r
S s	T t	U u
V v	X x	Y y
	Z z	

Lettres italiques.

A a	*B b*	*C c*
D d	*E e*	*F f*
G g	*H h*	*I i*
J j	*K k*	*L l*
M m	*N n*	*O o*
P p	*Q q*	*R r*
S s	*T t*	*U u*
V v	*X x*	*Y y*
	Z z	

Lettres anglaises.

Aa Bb Cc

Dd Ee Ff

Gg Hh Ii

Jj Kk Ll

Mm Nn Oo

Pp Qq Rr

Ss Tt Uu

Vv Xx Yy

Zz

Lettres rondes.

A a	B b	C c
D d	E e	F f
G g	H h	I i
J j	K k	L l
M m	N n	O o
P p	Q q	R r
S s	T t	U u
V v	X x	Y y
	Z z	

Lettres gothiques.

𝔄 𝔞	𝔅 𝔟	ℭ 𝔠
𝔇 𝔡	𝔈 𝔢	𝔉 𝔣
𝔊 𝔤	ℌ 𝔥	ℑ 𝔦
𝔍 𝔧	𝔎 𝔨	𝔏 𝔩
𝔐 𝔪	𝔑 𝔫	𝔒 𝔬
𝔓 𝔭	𝔔 𝔮	ℜ 𝔯
𝔖 𝔰	𝔗 𝔱	𝔘 𝔲
𝔙 𝔳	𝔛 𝔵	𝔜 𝔶
	ℨ 𝔷	

Voyelles.

a e i y o u

Consonnes.

b c d f g h j k l m

n p q r s t v x z

Lettres doubles.

æ œ ff fi ffi fl ffl

Lettres accentuées.

é (aigu) à è (grave)

â ê î ô û (circonflexe) ë ï ü (tréma)

Chiffres.

1 2 3 4 5 6 7 8 9 0

Signes de ponctuation.

. (point) , (virgule) ; (point-virgule) : (deux points)

! (point d'exclamation) ? (point d'interrogation)

' (apostrophe : *l'air*)

ÉPELLATION.

1er Exercice[1].

Syllabes composées de deux lettres dont l'initiale est une consonne.

ba	**be**	**bi**	**bo**	**bu**
ca	**ce**	**ci**	**co**	**cu**
da	**de**	**di**	**do**	**du**
fa	**fe**	**fi**	**fo**	**fu**
ga	**ge**	**gi**	**go**	**gu**
ha	**he**	**hi**	**ho**	**hu**
ja	**je**	**ji**	**jo**	**ju**
ka	**ke**	**ki**	**ko**	**ku**
la	**le**	**li**	**lo**	**lu**
ma	**me**	**mi**	**mo**	**mu**
na	**ne**	**ni**	**no**	**nu**
pa	**pe**	**pi**	**po**	**pu**
ra	**re**	**ri**	**ro**	**ru**

1. On trouvera à la fin de ce volume (p. 69) des notions élémentaires sur la prononciation.

sa	se	si	so	su
ta	te	ti	to	tu
va	ve	vi	vo	vu
xa	xe	xi	xo	xu
za	ze	zi	zo	zu

2e Exercice.

Syllabes de deux lettres dont l'initiale est une voyelle.

ab	ac	ad	af	ag
ah	ai	al	am	an
ap	ar	as	at	au
ec	ef	eh	ei	el
em	en	er	es	et
eu	ex	if	il	im
in	ir	is	ob	oc
of	oi	om	on	op
or	os	ot	ul	un
ur	us	ut	yo	

3e Exercice.

Syllabes composées de trois lettres.

bac	**bal**	**ban**	**bar**	**bas**
bat	**bec**	**bel**	**ben**	**ber**
bis	**bit**	**boi**	**bol**	**bon**
bos	**bot**	**bou**	**bul**	**bur**
but	**cal**	**can**	**cap**	**car**
cas	**cel**	**cen**	**cep**	**cer**
cet	**cin**	**cir**	**cis**	**cit**
col	**com**	**con**	**coq**	**cor**
cun	**dan**	**dar**	**dat**	**der**
des	**det**	**dic**	**dif**	**dir**
dol	**don**	**dor**	**dos**	**duc**
dur	**fac**	**fai**	**fal**	**far**
fas	**fat**	**fem**	**fen**	**fer**
fet	**feu**	**fia**	**fil**	**fin**
fis	**fit**	**foi**	**fon**	**for**
fui	**fur**	**fus**	**fut**	**gal**
gam	**gan**	**gar**	**gas**	**gat**
gau	**gel**	**gen**	**ger**	**ges**

gir	gis	git	gol	gom
gon	gor	got	gou	gus
hal	ham	har	hau	hol
hom	hor	hot	hou	jal
jam	jan	jar	jau	jet
jeu	jon	jou	jus	lac
lui	lam	lan	lar	las
lat	lau	lec	les	let
lin	lir	lis	lit	loi
lon	lor	lot	mai	mal
man	mar	mus	mel	men
mer	mes	met	mie	mil
min	mir	mis	mit	moi
mol	mon	mor	mos	mot
mou	mur	nal	nap	nar
nas	nat	nel	net	nid
nif	nir	pal	pan	par
pas	pat	pel	pen	per
pes	pet	pil	pin	pio
pir	pis	pol	pom	pon

por pos pot pou pra
pre pri pro pur qua
que qui quo rai ral
ran ras rat rel ren
rer res ret rez ric
ril rin rir ris rit
roc rol rom ros rot
rue rui rus rut sac
sal san sar sec sel
ser ses set sil soc
sol son sor sot sou
sub suc sue sur sus
tal tan tar tas tel
ter tes tet til tir
tis tit toc toi ton
tor tot tui tul tus
val vas vau vel ver
ves vet vic vif vil
vin vir vis vol von
vot vur vus zag zig

4e Exercice.

Syllabes composées d'une voyelle précédée de deux consonnes.

bla	ble	bli	blo	blu
bra	bre	bri	bro	bru
cha	che	chi	cho	chu
cla	cle	cli	clo	clu
cra	cre	cri	cro	cru
dra	dre	dri	dro	dru
fla	fle	fli	flo	flu
fra	fre	fri	fro	fru
gla	gle	gli	glo	glu
gna	gne	gni	gno	gnu
gra	gre	gri	gro	gru
pha	phe	phi	pho	phu
pla	ple	pli	plo	plu
pra	pre	pri	pro	pru
sca	sco	spa	spe	spo
sta	sté	sti	stu	sty
tra	tre	tri	tro	tru

5e Exercice.

Mots composés d'une seule syllabe de quatre lettres.

mois	mars	lait	pain	tien
vous	mien	pieu	char	marc
fard	parc	part	bras	faux
lard	chat	gras	plat	beau
laid	peau	saut	veau	prêt
brut	neuf	seul	veuf	noir
brun	vert	bleu	gris	nain
leur	peur	deux	rein	vain
jeux	yeux	nuit	fond	pair
coin	juin	vent	nord	broc
voix	gril	pont	huit	loin
soir	soin	voir	jour	dent
fait	fois	mais	noix	paix
pays	donc	toit	plan	port
clou	clos	trou	mort	bond
gant	sans	four	sens	gens
gros	tour	faim	rond	nord
sang	porc	bord	haie	lieu
gain	hors	nerf	zinc	rang
baie	bois	loup	coup	tout
doux	vrai	roux	taie	fort
goût	daim	sort	bain	lynx

6e Exercice.

Mots composés d'une seule syllabe de cinq lettres.

doigt	moins	frais	quant
pluie	blanc	chaud	pieux
grain	chair	clair	peint
saint	grand	gland	deuil
quand	lieue	chaux	quart
seuil	fleur	creux	sœur
cœur	preux	meurt	vient
vœux	tient	froid	lieux
puits	mieux	fruit	proie
point	choix	poids	joint
trois	plomb	corps	front
sourd	tronc	plein	lourd
frein	blond	franc	court
prompt	craint	treuil	trait
feint	bruit	fonds	chant
flair	mains	cieux	champ
claie	flanc	liard	clerc
bœuf	seuil	viens	nœud
seing	mœurs	pleut	œufs
queue	tiens	plaie	poing
droit	croix	cloué	troué
cours	vieux	truie	yacht
craie	vraie	teint	ceint

7e Exercice.

Mots composés de deux syllabes.

pa–pa	ma–man	cor–beau
jar–din	li–las	sou–ris
che–val	bou–gie	bol–bec
cro–chet	char–mant	clo–che
mil–lion	mar–bre	pis–ton
sen–sé	lai–deur	pam–pre
sai–gner	fas–te	dor–mir
grim–per	fran–çais	bai–ser
bra–bant	dic–ter	dra–gon
dro–gue	ai–guë	gloi–re
bal–con	gar–çon	hon–teux
gail–lard	par–don	som–bre
pom–me	preu–ve	sub–til
prai–rie	chau–dron	chif–fon
blon–din	croû–ton	dis–cret
fri–ant	gein–dre	grif–fon
hom–me	gro–gner	hail–lon
phé–nix	pyg–mée	sha–ko
sta–tue	zig–zag	brouil–lon
ar–gent	co–rail	ab–sent
prin–temps	ro–se	cou–rir
œil–let	sau–ter	nei–ge
tor–rent	pri–son	hi–ver

8e Exercice.

Mots composés de trois syllabes.

pa–pil–lon	li–ma–çon
au–mô–ne	pro–pre–té
per–ro–quet	é–che–lon
em–bras–ser	pro–té–ger
hor–lo–ger	sa–me–di
pau–vre–té	é–pe–ron
bou–lan–ger	o–bli–geant
i–gno–rant	ha–bi–ter
ven–dre–di	vi–gne–ron
lec–tu–re	sub–mer–gé
di–man–che	ap–pren–dre
his–toi–re	con–naî–tre
mir–li–ton	pré–ser–ver
pa–res–seux	me–nui–sier
pi–é–té	spec–ta–cle
cou–ram–ment	ce–ri–sier
im–par–fait	ré–pan–dre
cha–ret–te	a–ni–mal
vo–lon–té	in–so–lent
cha–ri–té	cou–ra–ge
spec–ta–cle	gra–vi–té
gou–ver–nail	ex–cel–lent
sau–va–ge	qua–ran–te

9e Exercice.

Mots composés de quatre syllabes.

glou–ton–ne–rie	ma–çon–ne–rie
é–ga–le–ment	fi–dé–li–té
con–nais–san–ce	eu–cha–ris–tie
cor–rec–ti–on	per–fec–ti–on
a–bat–te–ment	in–di–gen–ce
com–plai–san–ce	pu–bli–que–ment
aus–té–ri–té	i–gno–ran–ce
in–ter–ro–ger	ex–trê–me–ment
phi–lo–so–phie	in–tel–li–gent
fis–ca–li–té	ca–pri–ci–eux
in–vin–ci–ble	pré–ci–pi–ter
cen–ti–mè–tre	ki–lo–gram–me
co–lé–ri–que	tar–te–let–te
mal–hon–nê–te	é–clai–ra–ge
op–po–si–te	dé–bon–nai–re
po–li–tes–se	a–po–lo–gie
con–tre–di–re	im–por–tu–ner
né–gli–gen–ce	é–qui–va–lent
ca–rac–tè–re	é–tour–de–rie
ins–ti–tu–teur	in–con–stan–ce
dé–fail–lan–ce	in–ter–ve–nir
ré–vé–ren–ce	sa–tis–fai–re
per–son–na–ge	qua–ran–tai–ne

10e Exercice.

Mots composés de cinq et de six syllabes,

Ré–so–lu–ti–on
Sou–ve–rai–ne–té
In–fi–dé–li–té
Cou–ra–geu–se–ment
As–pi–ra–ti–on
Mys–ti–fi–ca–teur
Pa–ra–ly–ti–que
As–sai–son–ne–ment
Di–la–pi–da–teur
A–po–thi–cai–re
Cor–di–a–li–té
Ad–mi–ra–ble–ment
Na–tu–rel–le–ment
Ins–ti–tu–ti–on
In–dis–tinc–te–ment
E–co–no–mi–que–ment
A–bo–mi–na–ti–on
Im–pé–tu–eu–se–ment
Phi–lo–so–phi–que–ment
Hy–po–thé–ti–que–ment
Re–com–man–da–ti–on
Ma–jes–tu–eu–se–ment
Mor–ti–fi–ca–ti–on

11e Exercice.

Phrases à épeler.

J'ai–me pa–pa et ma–man.

Je veux ap–pren–dre bien vi–te à li–re.

Si je sais bien ma le–çon, ma–man m'em–bras–se–ra.

Grand–pa–pa m'a fait pré–sent d'un beau livre.

Le so–leil bril–le au–jour–d'hui.

Mon frè–re est al–lé à la pro–me–na–de.

J'i–rai aus–si quand on se–ra con–tent de moi.

Il est tris–te de ne pas sa–voir li–re.

Ce–lui qui sait li–re ne s'en–nuie ja–mais.

Mon on–cle m'a don–né un cer–ceau.

Il a plu tou–te la se–mai–ne.

Je tâ–che–rai d'at–tra–per des pa–pil–lons.

Je re–gar–de–rai leurs bel–les cou–leurs, puis je leur don–ne–rai la clef des champs.

12e Exercice.

Suite des phrases à épeler.

Le bon Dieu n'ai–me point les en–fants pa–res–seux. C'est pour–quoi je veux bien tra–vail–ler et de–ve–nir sa–vant.

Quand je sau–rai li–re cou–ram–ment, pa–pa me fe–ra ca–deau d'un li–vre où il y a quan–ti–té d'his–toi–res a–mu–san–tes.

Les en–fants bien sa–ges sont ché–ris par tout le mon–de; le bon Dieu les pro–té–ge et ils font la joie de leurs pa–rents.

Il faut pro–fi–ter de la jeu–nes–se pour ap–pren–dre à li–re; l'en–fant pa–res–seux qui perd son temps, et qui n'a rien ap–pris, gé–mi–ra sur sa pa–res–se quand il se–ra grand.

As–sis–tons les pau–vres, car Dieu nous re–com–man–de, par–des–sus tout, la cha–ri–té en–vers nos frè–res, et il nous tien–dra comp–te du bien que nous au–rons fait i–ci–bas.

13e Exercice.

Maximes chrétiennes.

Ai mez vo tre pro chain com me vous mê me et Dieu par des sus tout.

Cha que jour en vous le vant, vo tre pre mier de voir est de fai re vo tre pri è re au bon Dieu a fin qu'il vous pré ser ve de tout mal.

Il faut é ga le ment le pri er pour vos pa rents a fin qu'il leur con ser ve la san té.

Le soir, a vant de vous cou cher, vous re mer cie rez Dieu des bien faits qu'il ré pand sur vous; et si vous a vez com mis u ne fau te, vous lui en de man de rez hum ble ment par don.

Quand il vous ar ri ve ra quel que cho se d'heu reux, ou que vous se rez pré ser vé d'un dan ger, ne man quez pas de re mer cier Dieu.

Mais quand au con trai re vous é prou ve rez u ne con tra rié té ou un mal heur, sou met tez vous sans mur-mu re à sa vo lon té.

14e Exercice.

Suite des maximes chrétiennes.

So yez do ci le et o bé is sant; ai- mez et ho no rez vos pa rents si vous vou lez que Dieu vous bé nis se.

Il faut ê tre pro pre et soi gneux; ayez une pla ce pour cha que cho se et met- tez cha que cho se à sa pla ce.

Mé di tez sans ces se les com man de- ments de Dieu et ap pli quez-vous à les sui vre de point en point.

Le mé chant qui se ca che à tous les yeux pour fai re u ne mau vai se ac ti on ou blie que ceux de Dieu sont ou verts sur lui.

Sou ve nez-vous de vo tre cré a teur pen dant tout le cours de vo tre vie, et in vo quez-le dans les jours d'af flic ti on.

Ce lui qui ho no re son pè re et sa mè re trou ve ra la paix dans sa con- scien ce et se ra ex au cé au jour de la pri è re.

Ce lui qui a pi tié du pau vre prê te au Sei gneur à in té rêts, et le Sei- gneur lui ren dra ce qu'il lui au ra prê té.

15e Exercice.

Instructions religieuses.

Dieu n'a pas eu de commencement et n'aura pas de fin. Il existe de toute éternité ;

C'est le souverain maître de toutes choses. Il est infiniment bon et infiniment parfait. Il est partout : dans le ciel, sur la terre et en tous lieux.

Dieu voit tout et connaît tout. Rien dans le monde ne peut lui être caché.

Il y a trois personnes en Dieu : le Père, le Fils et le Saint-Esprit. Ce ne sont pas trois Dieux, mais trois personnes ne faisant qu'un seul Dieu. C'est ce qu'on appelle la très-sainte Trinité.

Tout ce qui existe sur la terre a été créé par le bon Dieu ; c'est lui qui nous donne chaque jour notre nourriture en faisant pousser le blé, les fruits et toutes les plantes, ainsi qu'en multipliant les animaux dont nous mangeons la chair.

C'est également le bon Dieu qui a créé le soleil qui nous échauffe, de même que la lune et les étoiles qui brillent au ciel.

16e Exercice.

Suite des instructions religieuses.

Le monde a été créé en six jours. A la fin du sixième jour Dieu forma l'homme à son image et lui donna une âme intelligente pour le connaître, l'aimer, le servir, et, par ce moyen, mériter la vie éternelle. Il donna à l'homme le nom d'Adam et à la femme celui d'Eve.

Adam et Eve ayant désobéi au Seigneur, ils furent chassés du paradis terrestre et devinrent, ainsi que leur postérité, esclaves du démon.

Mais le Seigneur avait promis à Adam que de sa race il naîtrait un Sauveur qui détruirait l'empire du démon.

Depuis environ quatre mille ans les hommes vivaient dans l'esclavage du péché, lorsque Dieu envoya au monde son propre Fils qui prit un corps et une âme dans le sein de la Vierge Marie. Il fut nommé *Jésus*, c'est-à-dire Sauveur.

Jésus fut crucifié sur le Calvaire et a racheté les hommes en versant pour eux son précieux sang.

17e Exercice.

Connaissances usuelles.

La semaine se compose de sept jours : lundi, mardi, mercredi, jeudi, vendredi, samedi, dimanche.

L'année a douze mois : janvier, février, mars, avril, mai, juin, juillet, août, septembre, octobre, novembre, décembre.

Chaque jour se divise en vingt-quatre heures, chaque heure en soixante minutes, et chaque minute en soixante secondes.

Il y a quatre saisons : le printemps, l'été, l'automne et l'hiver. Le printemps commence le 21 mars ; l'été, le 21 juin ; l'automne, le 21 septembre ; l'hiver, le 21 décembre.

Il y a quatre points cardinaux : 1° le nord ou septentrion ; 2° l'est ou orient : on l'appelle aussi levant parce que c'est de ce côté que se lève le soleil ; 3° l'ouest ou occident : on le nomme également couchant parce que le soleil se couche de ce côté ; 4° le sud ou midi.

18e Exercice.

Suite des connaissances usuelles.

La nature comporte trois classes ou règnes, c'est-à-dire trois espèces différentes d'êtres ou d'objets créés par Dieu.

Le règne animal comprend les animaux depuis l'éléphant jusqu'au plus petit moucheron ; il renferme également les oiseaux et les poissons.

Le règne végétal se compose de toutes les plantes depuis les plus grands arbres jusqu'à l'herbe qui croît dans les champs.

Le règne minéral est formé par les terres, les pierres de toute nature, les sels et les métaux.

Il y a sur notre globe quatre parties essentielles sans lesquelles l'homme ne pourrait vivre, savoir : l'air, la terre, l'eau et le feu.

Sans l'air il ne pourrait respirer ; sans la terre il ne pourrait se procurer sa nourriture ; sans l'eau il mourrait de soif ; enfin sans le feu il périrait de froid.

L'homme et les animaux habitent la terre ; les oiseaux vivent dans l'air ; les poissons habitent les eaux.

19e Exercice.

Suite des connaissances usuelles.

Nous avons cinq sens par lesquels nous percevons toutes nos sensations. Nous voyons avec les yeux; nous entendons avec les oreilles; nous respirons ou flairons les odeurs avec le nez, nous goûtons avec le palais et la langue, et nous exerçons le toucher avec tout le corps, mais principalement avec les mains.

Outre ces organes extérieurs nous avons intérieurement un estomac pour digérer les aliments, une poitrine composée de deux poumons, pour respirer, un cœur, des veines et des artères par où circule le sang, et un cerveau pour recevoir les impressions de nos sens.

Les os forment la charpente de notre corps et soutiennent toutes ses parties.

Il y a de plus en nous une âme qu'on ne peut ni voir ni toucher, mais qui règle tous nos mouvements et dirige toutes nos actions. C'est l'âme qui sent, pense et raisonne en nous. Elle est immortelle.

20e Exercice.

Suite des connaissances usuelles.

La terre que nous habitons a la forme d'un globe ou d'une boule immense.

Elle fait le tour du soleil dans le cours d'une année. La lune tourne autour de la terre.

Les trois quarts de la surface de la terre sont couverts par des mers, immense amas d'eau salée.

Le reste de cette surface se compose de continents ou portions de terre qui ne sont pas entièrement entourées d'eau, et d'îles qui sont entourées d'eau de tous côtés.

On divise la terre en cinq parties principales, savoir : l'Europe, l'Asie, l'Afrique, l'Amérique et l'Océanie.

L'Europe est la portion la plus peuplée et la plus civilisée de la terre. L'Europe contient la France, l'Angleterre, la Hollande, la Belgique, l'Allemagne, la Suède, le Danemarck, la Suisse, l'Italie, l'Espagne, la portion la plus importante de la Russie et une partie de la Turquie.

PRIÈRES CATHOLIQUES.

Au nom du Père, et du Fils, et du Saint-Esprit,
Ainsi soit-il.

L'Oraison dominicale.

Notre Père qui êtes aux cieux, que votre nom soit sanctifié ; que votre règne arrive ; que votre volonté soit faite sur la terre comme dans le ciel ; donnez-nous aujourd'hui notre pain de chaque jour, et pardonnez-nous nos offenses comme nous pardonnons à ceux qui nous ont offensés ; et ne nous laissez pas succomber à la tentation, mais délivrez-nous du mal. Ainsi soit-il.

La Salutation angélique.

Je vous salue, Marie, pleine de grâce, le Seigneur est avec vous ; vous êtes bénie entre toutes les femmes, et Jésus, le fruit de vos entrailles, est béni.

Sainte Marie, Mère de Dieu, priez pour nous, pauvres pécheurs, maintenant et à l'heure de notre mort. Ainsi soit-il.

Le Symbole des apôtres.

Je crois en Dieu le Père tout-puissant, Créateur du ciel et de la terre, et en Jésus-Christ son Fils unique, notre Seigneur, qui a été conçu du Saint-Esprit, est né de la Vierge Marie, a souffert sous Ponce-Pilate, a été crucifié, est mort, a été enseveli, est descendu aux enfers, est ressuscité des morts le troisième jour, est monté aux cieux, est assis à la droite de Dieu le Père tout-puissant, d'où il viendra juger les vivants et les morts.

Je crois au Saint-Esprit, la sainte église catholique, la communion des saints, la rémission des péchés, la résurrection de la chair, la vie éternelle. Ainsi soit-il.

La confession des péchés.

Je confesse à Dieu tout-puissant, à la bienheureuse Marie toujours vierge, à saint Michel archange, à saint Jean-Baptiste, aux apôtres saint Pierre et saint Paul et à tous les saints, que j'ai beaucoup péché par pensées, par paroles et par actions : c'est ma faute, c'est ma faute, c'est ma très-grande faute : c'est pourquoi je supplie la bienheureuse Marie toujours vierge, saint Michel archange, saint Jean-Baptiste, les apôtres saint Pierre et saint Paul, tous les saints, de prier pour moi le Seigneur notre Dieu.

Que le Dieu tout-puissant nous fasse miséricorde, qu'il nous pardonne nos péchés, et nous conduise à la vie éternelle. Ainsi soit-il.

Que le Seigneur tout-puissant et miséricordieux nous donne indulgence, absolution et rémission de tous nos péchés. Ainsi soit-il.

Acte de foi.

Mon Dieu, je crois fermement toutes les vérités qui me sont enseignées par l'église, parce que c'est vous qui les lui avez révélées, et que vous ne pouvez me tromper.

Acte d'espérance.

Mon Dieu, j'espère avec une ferme confiance que vous me donnerez, par les mérites de Jésus-Christ, votre grâce en ce monde, et si j'observe vos commandements, votre gloire dans l'autre; parce que vous l'avez promis, et que vous êtes souverainement fidèle dans vos promesses.

Acte de charité.

Mon Dieu, je vous aime de tout mon cœur et par-dessus toutes choses, parce que vous êtes infiniment bon et infiniment aimable : et j'aime mon prochain comme moi-même pour l'amour de vous.

Commandements de Dieu.

1. Un seul Dieu tu adoreras
   Et aimeras parfaitement.
2. Dieu en vain tu ne jureras
   Ni autre chose pareillement.
3. Les dimanches tu garderas
   En servant Dieu dévotement.
4. Tes père et mère honoreras
   Afin de vivre longuement.
5. Homicide point ne seras
   De fait ni volontairement.
6. Luxurieux point ne seras
   De corps ni de consentement.
7. Le bien d'autrui tu ne prendras
   Ni retiendras à ton escient.
8. Faux témoignage ne diras
   Ni mentiras aucunement.
9. L'œuvre de chair ne désireras
   Qu'en mariage seulement.
10. Biens d'autrui ne convoiteras
    Pour les avoir injustement.

Commandements de l'Eglise.

1. Les fêtes tu sanctifieras
   Qui te sont de commandement.
2. Les dimanches messe ouïras
   Et les fêtes pareillement.
3. Tous tes péchés confesseras
   A tout le moins une fois l'an.
4. Ton Créateur tu recevras
   Au moins à Pâques humblement.
5. Quatre-Temps, vigiles jeûneras
   Et le Carême entièrement.
6. Vendredi chair ne mangeras
   Ni le samedi mêmement.

Agriculteur. Boulanger.

Cordonnier. Distillateur.

Ebéniste Forgeron.

Arts et Métiers

J. Delalain Imp. r. de Sorbonne, 1.

ALPHABET
DES ARTS ET MÉTIERS.

Agriculteur.

Dieu a créé le soleil, dont la chaleur vivifie les plantes et fait mûrir les moissons; il a donné à la terre la fécondité. Dans sa bonté infinie, il a multiplié les végétaux utiles à l'homme. Mais il nous accorde ces dons, ces bienfaits, à condition que l'homme secondera la nature par un travail assidu.

Le blé, avec lequel on fait le pain que vous mangez chaque jour, ne présentait dans l'origine des temps qu'un maigre épi. Cet épi renfermait à peine quelques grains chétifs. L'agriculture a perfectionné ce grain; planté dans de bonnes terres, il a pris plus de nourriture. Il est devenu à la longue et à force de soins ce que nous le voyons aujourd'hui.

Il en est de même de tous les autres végétaux, et surtout des plantes potagères et même des fruits. Tous, à l'état sauvage, pouvaient à peine servir à notre nourriture; les plantes étaient dures et sans saveur, les fruits âpres, amers ou acides, enfin les herbes nuisibles ou inutiles étouffaient les plantes alimentaires. Honorons donc l'agriculture comme le premier et le plus utile des arts. C'est à elle que nous devons la plus grande partie de nos aliments. Ses progrès éloignent les années de disette et même les rendent aujourd'hui presque impossibles.

Boulanger.

Le boulanger est celui qui fait et vend le pain. On commence par mettre sur le pétrin une certaine quantité de farine.

La farine est le produit du blé que le meunier a écrasé entre les meules d'un moulin.

On mêle cette farine avec de l'eau, un peu de sel et du levain, qui est de l'écume de bière, pour faire lever la pâte; sans levain la pâte serait lourde et mate comme une galette mal cuite.

On pétrit ensuite cette pâte suffisamment pour que l'eau et le levain se répandent bien également dans la masse.

La pâte étant pétrie, on la divise par parties et on leur donne la forme d'un pain. Puis on enfourne ces pains dans le four qu'on a chauffé d'avance.

On appelle *geindre* celui qui pétrit parce que, faisant beaucoup d'efforts pour soulever et retourner la masse de pâte, il geint ou gémit en travaillant.

Vous voyez d'après cela que le métier de l'ouvrier boulanger, qui fait le pain, est extrêmement pénible.

Le pain blanc se fait avec la farine de blé la plus fine. Dans le pain bis il reste un peu de son. Le pain de seigle est toujours bis, mais il est sain et nourrissant. Le pain d'orge est sec et grossier.

Cordonnier.

Les peaux avec lesquelles on fait les souliers sont d'abord préparées par le tanneur. Celui-ci les met toutes fraîches dans de grandes fosses, en les entremêlant de tan, écorce de chêne réduite en poudre. On arrose le tout avec beaucoup d'eau. Au bout d'un an, on retire ces peaux, qui, par l'effet du tan, sont converties en cuir; c'est-à-dire qu'elles ne sont plus susceptibles de se corrompre à l'air, ni de s'amollir à l'humidité comme la peau. Le tan qu'on retire de ces fosses, et qu'on appelle alors *tannée*, sert à faire des mottes à brûler.

Le cordonnier achète les cuirs épais, c'est-à-dire ceux qui proviennent des bœufs et des vaches, pour faire les semelles ; le cuir de veau et de cheval sert pour les empeignes de souliers et les tiges de bottes. Les chaussures plus fines se font avec la peau de chèvre.

Le cordonnier, après avoir pris la mesure du pied, coupe ces peaux et les coud ensemble avec du fil enduit de poix. La pointe qui sert à percer le cuir se nomme *alène*, et pour donner aux bottes et aux souliers la figure convenable, il emploie des *formes* de bois.

Les petits enfants ont en général le tort de prendre peu de soin de leurs chaussures. Ils marchent dans l'eau, parmi les cailloux et les pierres tranchantes, sans faire attention que cette chaussure devient pour leurs parents une dépense considérable au bout de l'année.

Distillateur.

On appelle *distillateur* celui qui distille et prépare les liqueurs.

Pour cela, on se sert d'un appareil nommé *alambic*. On y met le liquide qu'on veut distiller, du vin par exemple. Au-dessous de l'alambic, qui est en cuivre, on fait du feu. L'eau-de-vie ou l'esprit-de-vin, qu'on nomme également *alcool*, étant plus léger que le vin, s'en sépare et monte en vapeur dans la partie supérieure de l'alambic.

C'est ainsi que par la distillation on retire l'eau-de-vie du vin. On obtient aussi l'eau-de-vie, ou plutôt l'alcool, de la bière, du cidre, du grain, des pommes de terre et de beaucoup d'autres substances fermentées.

L'usage de l'eau-de-vie ou des liqueurs fortes est dangereux lorsqu'on en abuse : il abrutit l'homme et ruine sa santé. Les enfants ne doivent jamais en boire.

Ebéniste.

C'est l'ébéniste qui fait la plupart de nos meubles, tels que commodes, secrétaires, lits, tables, etc. Ces meubles sont d'abord construits en chêne, en hêtre, ou en tout autre bois. On les revêt extérieurement d'une feuille très-mince d'un bois précieux, tel que palissandre, acajou, ébène, citronnier, etc., fixée avec de la colle-forte.

Cette feuille est appliquée avec tant d'art, que l'on croirait que le meuble est en palissandre ou acajou massif. On appelle ce procédé *placage*.

Le bois de placage est quelquefois mince comme une feuille de papier; le plus souvent il a un millimètre d'épaisseur. C'est dans les scieries mécaniques qu'on prépare ces feuilles de placage. Quant au bois, on le tire en général d'Amérique; cependant notre pays fournit des bois très-beaux lorsqu'ils sont bien choisis et bien employés; telles sont les parties noueuses du noyer, de l'orme, etc.

Paris est la ville où on confectionne le mieux l'ébénisterie.

Forgeron.

L'art du forgeron consiste à donner aux pièces de fer la forme convenable. Pour cela, on les fait chauffer jusqu'au rouge, dans la forge ; puis on les bat avec un fort marteau sur l'enclume. On prépare ainsi les grosses pièces de serrurerie et de taillanderie, car le feu amollit le fer.

On se sert de charbon de terre dans la forge, parce qu'il donne plus de chaleur; on active ce feu avec un gros soufflet.

Le taillandier est celui qui fabrique à la forge les outils tels que bêches, haches, merlins, pioches, marteaux, ainsi que d'autres instruments usités dans les arts et métiers.

Le serrurier travaille principalement à la confection des serrures, des clefs, et à tous les menus ouvrages employés dans la construction des maisons.

Le mécanicien fabrique des machines-outils, tels que presses, laminoirs, et généralement tout ce qu'on appelle *machines*. C'est également le mécanicien qui confectionne les locomotives des chemins de fer et les machines à vapeur. Le travail du forgeron s'applique à ces diverses professions.

Graveur.

Il y a plusieurs espèces de gravures; les principales sont la gravure en taille-douce et la gravure sur bois.

Le graveur en taille-douce grave en creux sur une planche de cuivre ou d'acier le dessin qu'on lui donne; il suit exactement le trait de ce dessin, en mettant les ombres nécessaires. Il se sert pour cela de pointes, burins, brunissoirs, ébarboirs et autres outils.

Lorsque la planche est finie, il la donne à l'imprimeur en taille-douce. Celui-ci garnit d'un noir préparé tous les traits creux de la gravure, puis il met sur la planche une feuille de papier humectée avec un lange de laine par-dessus. Il fait ensuite passer le tout sous sa presse. Le papier, serré avec force contre la planche, reçoit le noir contenu dans les creux de la gravure. C'est ainsi qu'on obtient une

Graveur. Horloger.

Imprimeur. Jardinier

Kaléidoscope (Fabr.t de) Luthier.

estampe ou une image, suivant le genre de travail.

Le graveur sur bois procède différemment. Tous les traits du dessin sont conservés en relief comme dans les caractères d'imprimerie, en sorte qu'on tire cette gravure de la même manière qu'on imprime un livre. Pour graver ainsi, on se sert ordinairement de buis, bois fort serré et fort dur.

Il y a encore le graveur en lettres, qui grave en taille-douce l'écriture et les noms des pays et des villes sur les cartes géographiques; le graveur de cachets, qui grave des lettres initiales ou des armoiries sur les cachets et les couverts; enfin le graveur de médailles confectionne les coins avec lesquels on frappe les monnaies et les médailles.

Horloger.

La profession d'horloger consiste à fabriquer des montres, des pendules, et à les réparer lorsqu'elles sont dérangées.

Cet art suppose la connaissance approfondie de la mécanique et infiniment d'adresse; vous en serez convaincu en examinant l'intérieur d'une montre. Vous y verrez des rouages multipliés et d'une extrême délicatesse. Ces rouages, mis en mouvement par un ressort, marquent avec précision les heures, les minutes et les secondes.

Vous savez déjà sans doute que le cadran d'une montre ou d'une pendule est divisé en douze heures et soixante minutes. L'une des aiguilles marque les heures, et l'autre, les minutes. Il y a soixante secondes dans une minute et soixante minutes dans une heure.

Dans les montres de prix, les pivots en acier des roues entrent dans des trous percés dans des rubis. Ces rubis étant des pierres fines d'une grande dureté, les trous ne s'élargissent jamais et la montre est bien moins sujette à se déranger.

Imprimeur en lettres.

L'art de l'imprimerie se compose de plusieurs parties; il comprend le travail de la composition des mots et le tirage des planches. Le compositeur est celui qui, assemblant une à une les lettres nécessaires, forme des lignes, et avec ces lignes des pages, conformément au manuscrit qu'il a sous les yeux. Ces lettres en métal sont contenues dans les nombreux compartiments de la casse à composer. Les pages sont ensuite serrées dans une forme de fer, de manière à ce que les lettres ne puissent se déranger. Après avoir corrigé les fautes que peut contenir cette composition, on la livre au pressier. Celui-ci couvre d'une encre grasse les caractères en relief que contient la forme et en fait le tirage sous sa presse en appliquant une feuille de papier humide sur cette forme. C'est ainsi qu'on fait tous les livres, et même celui que vous avez sous les yeux.

Pour accélérer la production du tirage, on a inventé des mécaniques ou des machines qui tirent plusieurs formes à la fois et des nombres considérables à l'heure.

L'invention de l'imprimerie date de près de quatre cents ans. Avant cette époque, tous les livres s'écrivaient à la main, en beaux caractères gothiques. Vous jugez, mes amis, du temps qu'exigeait ce travail, et du prix énorme que devait coûter un livre. Il faut surtout considérer que ces manuscrits étaient le plus souvent ornés de précieuses miniatures et de belles lettres dorées. On ne faisait guère alors que des Bibles, des missels et autres livres de piété : ce qui était juste, car il faut penser à Dieu avant tout.

Jardinier.

Le jardinier fleuriste cultive les jardins. C'est lui qui soigne les parterres, qui les embellit de fleurs qu'il sait multiplier par des semis ou des boutures. Il greffe les arbres et les arbustes pour améliorer leurs produits ; il taille les arbres à fruit ; il ratisse les allées, tond les gazons et palisse les espaliers. Il prend également soin de l'orangerie et des serres dans lesquelles on conserve les plantes sensibles au froid.

Le jardinier maraîcher s'occupe uniquement de la culture des légumes. C'est par ses soins que nous avons des salades, des artichauts, des asperges, des choux-fleurs, des melons, etc.

Le jardinier pépiniériste se borne en général à la production des arbres et arbustes. Il a des pépinières dans lesquelles il élève un grand nombre d'arbres fruitiers ou d'ornement, qui sont ensuite transplantés dans les jardins.

Les principaux outils des jardiniers sont : l'arrosoir, la bêche pour labourer la terre, le râteau pour l'unir, la ratissoire pour nettoyer les allées et détruire les mauvaises herbes, la serpette et la serpe pour retrancher des branches, tailler les arbres, et le greffoir pour les greffer.

Kaléidoscopes (fabricant de).

Le kaléidoscope a la forme d'une lunette; il renferme, entre deux verres placés à son extrémité, de petits fragments de cristal de couleur et d'autres objets transparents, de nuances variées. En avant de ces objets sont trois morceaux de verre noircis par derrière, qui remplissent l'office de miroirs. Ces morceaux forment entre eux un triangle. Ils se réfléchissent mutuellement les petits objets dont nous venons de parler : il en résulte que, lorsqu'on regarde par le petit bout de l'instrument, on aperçoit des dessins réguliers et variés.

C'est un amusement qui convient surtout aux enfants sages et tranquilles ; ils ont le plaisir, en tournant le kaléidoscope entre les doigts, de voir se succéder sans relâche des dessins plus jolis les uns que les autres et dont aucun ne se ressemble.

Luthier.

Le luthier fait les instruments de musique, tels que violons, violoncelles, contre-basses, guitares, etc. Le nom de *luthier* vient de ce qu'il fabriquait autrefois des luths, instrument tout à fait passé de mode.

Cet art exige des connaissances musicales. Parmi les instruments qui sortent de ses mains, l'un des plus importants est le violon. C'est surtout dans sa fabrication que brille le talent d'un bon luthier : on a vu d'anciens violons construits par des artistes célèbres valoir plusieurs milliers de francs, tandis qu'on obtient un violon commun pour une dizaine de francs.

Il est bon de savoir qu'il y a trois espèces d'instruments de musique : les instruments à vent, ceux à cordes et ceux à percussion. Les principaux instruments à vent sont : la flûte, le hautbois, le basson, la clarinette, le flageolet, la trompette, le cor, le trombone, l'ophicléide et le cornet à piston; les cinq premiers se font en bois durs, tels que le buis ou l'ébène; les autres sont en cuivre.

L'orgue des églises et l'orgue de Barbarie sont également des instruments à vent; mais c'est au moyen d'un soufflet, et non avec la bouche, qu'on fait résonner les tuyaux dont ils sont formés.

Parmi les instruments à cordes on remarque la harpe, la guitare, qui se pincent avec les doigts; le violon, le violoncelle et la contre-basse, qu'on touche avec un archet; la vielle des petits Savoyards et le piano sont des instruments à cordes, mais la manière d'en toucher est toute différente.

Quant aux instruments de percussion, c'est le tambour, la grosse caisse, le tambourin, les cymbales, le chapeau chinois, le triangle, le tam-tam, etc.

On appelle *facteurs*, et non luthiers, ceux qui fabriquent les harpes et les pianos. On donne également ce nom aux fabricants d'instruments à vent.

Maçon.

C'est le maçon qui construit nos maisons sous la direction d'un architecte ou d'un entrepreneur. Il élève les murailles avec des briques ou moellons qu'il dispose par assises et qu'il lie avec du plâtre ou du mortier composé de chaux et de sable. Il fait aussi les divisions de l'intérieur au moyen de cloisons en pans de bois garnies de plâtre; il crépit les plafonds et construit les cheminées. On donne le nom de *compagnon* au maçon, et celui de *manœuvre* à l'homme qui lui sert d'aide.

Le principal outil du maçon est la truelle, avec laquelle il prend le mortier ou le plâtre gâché pour asseoir ses pierres ou faire des enduits. L'auge est une espèce de caisse en bois dans laquelle il gâche le plâtre. Il se sert aussi d'une hachette, sorte de marteau allongé dont un bout est tranchant, pour hacher le plâtre ou dégrossir le moellon.

Lorsqu'une bâtisse se fait en pierres de taille, l'appareilleur trace sur la pierre

Maçon. Nourrisseur.

Oiseleur. Patissier.

Quincaillier. Relieur

brute la forme et la grandeur que le scieur de pierres doit lui donner. Elle est ensuite livrée au poseur qui la met en place.

Il est très-avantageux pour un maître maçon de bien connaître les principes de l'architecture et du dessin : il mettra plus de goût et d'intelligence dans son travail.

Nourrisseur.

Le nourrisseur élève des bœufs, des vaches, des veaux, des moutons, qu'il envoie ensuite au marché pour les vendre aux cultivateurs ou aux bouchers. Le nourrisseur doit avoir des pâturages où il fera paître ses bestiaux pendant l'été, et des terres qui lui fourniront le fourrage nécessaire pour les nourrir pendant l'hiver. De plus, il doit être apte à juger les meilleures races d'animaux, et connaître assez de médecine vétérinaire pour leur porter les premiers secours en cas d'accident ou de maladie.

C'est la Normandie qui fournit les bestiaux les meilleurs et les plus beaux.

Oiseleur.

Le métier de l'oiseleur consiste à attraper les oiseaux à l'aide de filets et de piéges, et à prendre des nids avec les petits, afin de les élever pour les vendre.

L'oiseleur sait imiter le chant ou le cri de tous les oiseaux à l'aide d'un petit instrument nommé *appeau*, qu'il met dans sa bouche. Les oiseaux, attirés par ce chant, viennent sans défiance voltiger autour de lui et se prendre aux gluaux qu'il leur tend. On appelle ainsi des petits brins de bois enduits de glu, substance collante tirée des bourgeons du peuplier. Ces brins de bois se collant à leurs ailes, ils ne peuvent plus voler, et l'oiseleur les saisit avec la main.

On se sert aussi des filets nommés panneaux, qu'on rabat sur les oiseaux au moment où ils viennent manger le grain placé devant le filet.

Outre les oiseaux des bois, les oiseleurs élèvent en cage des serins. Ils vendent aussi des faisans, des pigeons, des perroquets, des oiseaux étrangers, des singes et des écureuils.

Pâtissier.

Vous savez tous ce que c'est qu'un pâtissier, mes chers enfants; je n'ai pas besoin de vous dire que c'est lui qui fait ces excellentes brioches, ces biscuits et cette foule de petits gâteaux qui, je n'en doute pas, font vos délices.

Pour faire des pâtisseries, on emploie la farine la plus belle, qu'on pétrit avec du beurre, des œufs, du sucre, etc. Ce sont les pâtissiers qui font les tourtes, les pâtés froids et les tartes de fruits. Toutes les pâtisseries se cuisent dans un four.

Souvenez-vous seulement, lorsque vous mangerez de ces friandises, que le pauvre manque quelquefois du pain nécessaire à sa subsistance et à celle de sa famille.

Soyez donc charitables, et au lieu de dépenser en friandises tout l'argent que vous donnent vos parents, partagez-le avec l'indigent, et Dieu vous bénira.

Quincaillier.

Il n'y a point de profession qui comprenne plus de détails que celle du quincaillier. Il vend, en général, tous les ustensiles de ménage, pelles, pincettes, chenets, tournebroches. Il tient les outils de presque toutes les professions, ainsi que ce qui est relatif à la fermeture des maisons, comme serrures, verrous, gâches; enfin des clous, des vis et toutes sortes d'objets en fonte, tels que poêles, marmites, vases de jardin, plaques de cheminées. Il vend aussi des fils de fer, d'acier et de cuivre, et une multitude d'autres articles.

Il tire ces marchandises de diverses manufactures françaises où on les fabrique aujourd'hui avec une grande perfection.

Relieur.

Le relieur est celui qui relie un livre. Pour cela il commence par plier les feuilles et les coudre ensemble; il y met ensuite une couverture de carton, puis il rogne

Page 59.

Serrurier. Tisserand.

Usine. Verrier.

Zingueur.

les tranches du livre au moyen de la presse à rogner. Il met ces tranches en couleur, ou bien il les dore, si le livre doit être relié avec richesse.

Tout cela fait, il recouvre le carton soit avec une peau de mouton appelée *basane*, soit avec du veau ou du maroquin. Enfin il orne cette peau en y mettant des filets ou d'autres enjolivements. Après cela, il applique sur le dos le titre du livre et le numéro du volume, s'il y en a plusieurs dans l'ouvrage.

On appelle *demi-reliure* celle où le dos du livre est seul garni d'une peau, tandis que le plat est revêtu d'un papier marbré ou jaspé.

Le relieur qui excelle dans son art devient un véritable artiste par le fini du travail et le goût avec lequel il orne un livre.

Serrurier.

La serrurerie a pour objet tous les objets en fer relatifs à la construction des bâtiments, tels que grilles, balcons, fermetures de portes, fenêtres et armoires. Le serrurier établit également les sonnettes et se charge de tous les menus ouvrages en fer.

La serrurerie a fait de grands progrès, surtout dans la fabrication des serrures, où elle excelle aujourd'hui.

La partie du dessin qui comprend l'ornement est d'une grande utilité au serrurier; elle le met à même de faire avec goût le tracé d'un objet qu'on lui commande ou de rectifier celui qu'on lui donne.

Tisserand.

Les toiles sont fabriquées avec un métier. A l'aide de ce métier, on croise une quantité de fils placés en long, que l'on appelle *chaîne*, avec une série d'autres fils placés en travers, nommés *trame*. C'est au moyen de la navette qu'on fait passer le fil en travers dans toute la largeur de la toile. L'ouvrier qui tisse la toile se nomme *tisserand*. On tisse de la même manière les étoffes de coton, de laine et de soie. L'ouvrier qui fait ce travail se nomme *tisseur*.

On fabrique des toiles de chanvre et de lin; les premières sont plus grossières. Le chanvre et le lin sont deux plantes qu'on cultive dans les champs. On les arrache lorsqu'elles sont mûres, et on bat leur tige pour en dégager la filasse. Avec cette filasse on fait du fil au moyen de la quenouille ou du rouet, ou de machines ingénieuses. Ce fil est ensuite livré au tisserand, qui le convertit en toile.

Usine.

On appelle *usine* un vaste établissement industriel où l'on façonne les métaux en grand, tel qu'une forge, une fonderie, une fabrique de machines à vapeur ou de locomotives. Les verreries et les fabriques de gaz d'éclairage sont également des usines.

Ces établissements emploient généralement un nombre considérable d'ouvriers. Dans les usines consacrées au travail du fer, on se sert aussi de machines à vapeur, qui ont une force équivalente à celle de plusieurs chevaux. Ces machines mettent en mouvement de gros soufflets pour les forges, des laminoirs pour aplatir le fer ou le convertir en barres rondes ou carrées, des cisailles pour trancher d'un seul coup des barres de fer plus grosses que la jambe, enfin des martinets, gros marteaux pesant trois ou quatre cents kilogrammes et servant à forger le fer.

Verrier.

Le verrier est celui qui fabrique des bouteilles, du verre à vitres, de la gobeletterie, des cristaux. C'est une chose très-curieuse que de voir les travaux d'une verrerie. Voici comment on fabrique les bouteilles. D'abord il faut vous dire que le verre se fait, en général, avec du sable, de la potasse ou de la soude. Pour le verre commun, on remplace ces dernières substances par des cendres.

Lorsque la matière est bien fondue dans un grand vase appelé *creuset*, le verrier y plonge le bout d'une canne en fer, qui est creuse comme un canon de fusil. Une certaine quantité de verre fondu s'attache à cette canne; le verrier la souffle comme vous souffleriez une bulle de savon, en faisant tourner la partie renflée de la bouteille dans un moule de bronze, afin qu'elle ait la forme et la grandeur conve-

ables. Il enfonce ensuite le cul de la bou-
eille et coupe son col, après avoir fixé sa
anne au côté opposé. Il arrondit enfin
e bord du col et y applique le petit
ordon de verre qui doit le renforcer.
Toutes ces opérations se font en moins
e trois minutes.

Zingueur.

On donne le nom de *zingueur* à l'ou-
rier qui travaille le zinc. Ce métal est
aintenant d'un usage fort répandu.
u moyen de grands laminoirs, on le
éduit en feuilles plus ou moins minces,
vec lesquelles le zingueur fait des seaux,
es arrosoirs, des vases de toute espèce,
es tuyaux et des gouttières.

On se sert aussi du zinc pour couvrir
s maisons en place d'ardoises; on l'em-
oie également pour faire des conduites
our l'eau et pour le gaz d'éclairage,
ous le pavé des rues.

On tire du zinc un blanc qu'on em-
oie dans la peinture; il n'est point mal-
isant comme le blanc de plomb, qui est
n poison.

La plus grande partie du zinc employé en France se tire de la Belgique. Quand on l'extrait de la mine il est mêlé de diverses substances étrangères et sous une forme pierreuse : c'est ce qu'on appelle un *minerai*. Après avoir écrasé ce minerai, on enlève la terre par des lavages, puis on fond le reste pour le réduire en métal.

Il en est de même de presque tous les métaux ; le fer, le cuivre, le plomb, l'étain et même l'argent se trouvent dans la terre à l'état de minerai. L'or seul s'y rencontre toujours pur, en morceaux plus ou moins gros ou en paillettes. On trouve aussi quelquefois de l'argent pur dans les mines ; on l'appelle alors *argent natif*.

MAXIMES

DE LA SAGESSE.

Craignez un Dieu vengeur et tout ce qui le blesse.
C'est là le premier pas qui mène à la sagesse.

Ne plaisantez jamais ni de Dieu, ni des saints;
Laissez ce vil plaisir aux jeunes libertins.

Que votre piété soit sincère et solide;
Et qu'à tous vos discours la vérité préside.

Tenez votre parole inviolablement;
Mais ne la donnez pas inconsidérément.

Soyez officieux, complaisant, doux, affable,
Poli, d'humeur égale, et vous serez aimable.

Du pauvre qui vous doit n'augmentez point les maux;
Payez à l'ouvrier le prix de ses travaux.

Bon père, bon époux, bon maître sans faiblesse,
Honorez vos parents, surtout dans leur vieillesse.

Du bien qu'on vous a fait soyez reconnaissant.
Montrez-vous généreux, humain et bienfaisant.

Donnez de bonne grâce; une belle manière
Ajoute un nouveau prix au présent qu'on veut faire.

Rappelez rarement un service rendu ;
Le bienfait qu'on reproche est un bienfait perdu.

Ne publiez jamais les grâces que vous faites ;
Il faut les mettre au rang des affaires secrètes.

Prêtez avec plaisir, mais avec jugement.
S'il faut récompenser, faites-le dignement.

Au bonheur du prochain ne portez pas envie.
N'allez point divulguer ce que l'on vous confie.

Sans être familier, ayez un air aisé.
Ne décidez de rien qu'après l'avoir pesé.

A la religion soyez toujours fidèle :
On ne sera jamais honnête homme sans elle.

Détestez et l'impie et ses dogmes trompeurs ;
Ils séduisent l'esprit, ils corrompent les mœurs.

Ne rejetez pas moins tout principe hérétique :
C'est peu d'être chrétien, si l'on n'est catholique.

Aimez le doux plaisir de faire des heureux,
Et soulagez surtout le pauvre vertueux.

Soyez homme d'honneur et ne trompez personne ;
A tous ses ennemis un cœur noble pardonne.

Aimez à vous venger par beaucoup de bienfaits.
Parlez peu, pensez bien, et gardez vos secrets.

Ne vous informez pas des affaires des autres.
Sans air mystérieux dissimulez les vôtres.

N'ayez point de fierté ; ne vous louez jamais ;
Soyez humble et modeste au milieu des succès.

Surmontez les chagrins où l'esprit s'abandonne ;
Ne faites rejaillir vos peines sur personne.

Supportez les humeurs et les défauts d'autrui ;
Soyez des malheureux le plus solide appui.

Reprenez sans aigreur ; louez sans flatterie.
Ne méprisez personne ; entendez raillerie.

Fuyez les libertins, les fats et les pédants ;
Choisissez vos amis, voyez d'honnêtes gens.

Jamais ne parlez mal de personnes absentes.
Badinez prudemment les personnes présentes.

Consultez volontiers ; évitez les procès ;
Où la discorde règne, apportez-y la paix.

Avec les inconnus usez de défiance ;
Avec vos amis même ayez de la prudence.

Jouez pour le plaisir, et perdez noblement.
Sans prodigalité, dépensez prudemment.

Ne perdez point le temps à des choses frivoles :
Le sage est ménager du temps et des paroles.

Sachez à vos devoirs immoler vos plaisirs,
Et pour vous rendre heureux modérez vos désirs.

Ne demandez à Dieu ni grandeur ni richesse ;
Mais pour vous gouverner demandez la sagesse.

Quatrains moraux.

Tout révèle d'un Dieu l'éternelle existence ;
On ne peut le comprendre, on ne peut l'ignorer :
La voix de l'univers annonce sa puissance,
Et la voix de nos cœurs dit qu'il faut l'adorer.

Dieu donne la sagesse ainsi que la prudence ;
C'est de sa bouche encor que sort toute science.
Dieu voit tout, est partout ; on ne peut le tromper ;
A son œil pénétrant rien ne peut échapper.

L'enfant sage est la joie et l'amour de son père,
Et l'enfant sans raison, la douleur de sa mère.
De votre père, enfants, suivez les bons avis :
Votre bonheur futur en doit être le prix.

Il ne faut, mes enfants, ni tromper ni mentir :
L'honnête homme toujours dit la vérité pure.
Soit pour vous excuser, soit pour vous divertir,
Ne vous permettez pas la plus faible imposture.

Notre vie est si courte ! il la faut employer ;
Instruisez-vous, enfants, dès l'âge le plus tendre.
Vous serez malheureux, si vous cessez d'apprendre,
Et c'est un jour perdu qu'un jour sans travailler.

Le travail, mes enfants, est toujours nécessaire :
C'est le devoir de l'homme et son consolateur ;
Il écarte l'ennui, nous donne le bonheur.
Que je plaindrais celui qui n'aurait rien à faire !

NOTIONS DE PRONONCIATION.

Lire, c'est parler ou prononcer les mots écrits.

Les *mots écrits* se composent de syllabes, et les syllabes de lettres.

Les *mots parlés* se composent ou de sons isolés ou de sons modifiés par la voix.

On appelle *voyelles* les sons isolés.

On appelle *consonnes* ou *articulations* les sons modifiés par la voix.

Les consonnes ne peuvent donc former un son qu'avec le concours des voyelles.

La lecture des mots écrits consiste à les bien syllaber, c'est-à-dire à les séparer convenablement par syllabes.

Quand on commence à apprendre à lire, on doit d'abord séparer par une légère pause les différentes syllabes de chaque mot, afin de les bien prononcer; mais, quand on saura lire couramment, on supprimera ces pauses.

On aura soin de faire une légère pause quand on verra une virgule après un mot. Ce repos sera un peu plus grand après le point et virgule ou les deux points, et plus grand encore après un point.

Prononciation des voyelles.

a simple se prononce comme dans a-*gir*.

â long ou circonflexe se prononce comme dans â-*me*.

e muet, ou n'ayant qu'un demi-son, se prononce comme dans *un*-e.

é fermé (accent aigu) se prononce comme dans *caf*-é.

è ouvert (accent grave) se prononce comme dans *m*-è-*re*.

ê circonflexe ou très-ouvert se prononce comme dans *f*-ê-*te*.

i simple se prononce comme dans i-*mage*.

î long ou circonflexe se prononce comme dans î-*le*.

ï tréma sert à détacher le son qui précède et ne se fait sentir que dans celui qui suit; exemple: *aïeul*, prononcez: a-*ïeul*.

o simple se prononce comme dans o-*rage*.

ô long ou circonflexe se prononce comme dans *c*-ô-*te*.

u simple se prononce comme dans u-*sage*.

û long ou circonflexe se prononce comme dans *fl*-û-*te*.

ü tréma se prononce comme dans *cig*-ü-*e*; sans le tréma l'*u* se prononcerait comme dans *ligue*.

y remplace deux *i* dans la prononciation; exemple: *pays*, prononcez *pai-is*.

Prononciation de quelques consonnes.

c simple se prononce comme dans c-*ontrée.*

ç (cédille) a le son de deux *s*; exemple : *ma*-ç-*on.*

h muet se prononce comme dans h-*omme.*

h aspiré se prononce comme dans h-*aine.*

x se prononce comme *gz;* exemple : *e*-x-*il.*

Prononciation exceptionnelle de plusieurs lettres.

e se prononce comme *è* devant *b*, *c*, *d*, *f*, *g*, *l*, *r*, *s*, lorsque ces lettres sont finales ou suivies d'une seconde consonne.

c se prononce comme *s* devant *e*, *i*, *y*.

g se prononce comme *j* devant *e*, *i*, *y*.

ge se prononce comme *j* devant *a*, *o*, *u*.

s entre deux voyelles se prononce comme *z*.

sc devant *e*, *i*, *y* se prononce comme dans sc-*ène.*

sc devant *a*, *o*, *u* se prononce comme dans sc-*arabée.*

t se prononce toujours comme *s* devant *ieu.*

t se prononce comme *s* devant *ial*, *ien* et *ion.*

Prononciation des diphthongues.

Les diphthongues sont des voyelles doubles faisant entendre un son composé en une seule émission de voix. Ce son est formé d'un son faible très-bref et d'un son fort ou sur lequel on appuie.

Voici les principales diphthongues avec leur prononciation : *ia, diable*, — *iè, moitié*, — *iè*, *fière*, — *io*, *babiole*, — *oi*, *loi*, — *ieu*, *Dieu*, — *ian*, *viande*, — *ien*, *tien*, — *oui*, *oui*, — *ui*, *étui*, — *uin*, *juin.*

CHIFFRES.

	arabes.	romains.
Un	1	I
Deux	2	II
Trois	3	III
Quatre	4	IV
Cinq	5	V
Six	6	VI
Sept	7	VII
Huit	8	VIII
Neuf	9	IX
Dix	10	X
Onze	11	XI
Douze	12	XII
Treize	13	XIII
Quatorze	14	XIV
Quinze	15	XV
Seize	16	XVI
Dix-sept	17	XVII
Dix-huit	18	XVIII
Dix-neuf	19	XIX
Vingt	20	XX
Trente	30	XXX
Quarante	40	XL
Cinquante	50	L
Soixante	60	LX
Soixante-et-dix	70	LXX
Quatre-vingts	80	LXXX
Quatre-vingt-dix	90	XC
Cent	100	C
Cinq cents	500	D
Mille	1000	M

FIN.

COLLECTION D'ALPHABETS

Publiés par Maître Simon.

ALPHABET DES FLEURS, orné de jolies gravures, par *Maître Simon*, instituteur; *in*-12.

ALPHABET DES ANIMAUX, orné de jolies gravures, par *Maître Simon*, instituteur; *in*-12.

ALPHABET DES OISEAUX, orné de jolies gravures, par *Maître Simon*, instituteur; *in*-12.

ALPHABET DES ARTS ET MÉTIERS, orné de jolies gravures, par *Maître Simon*, instituteur; *in*-12.

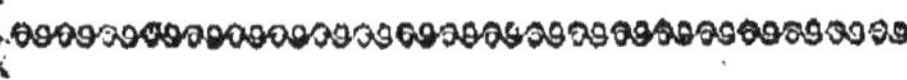

www.ingramcontent.com/pod-product-compliance
Ingram Content Group UK Ltd.
Pitfield, Milton Keynes, MK11 3LW, UK
UKHW021124260726
13994UKWH00002B/977

9 782329 153995